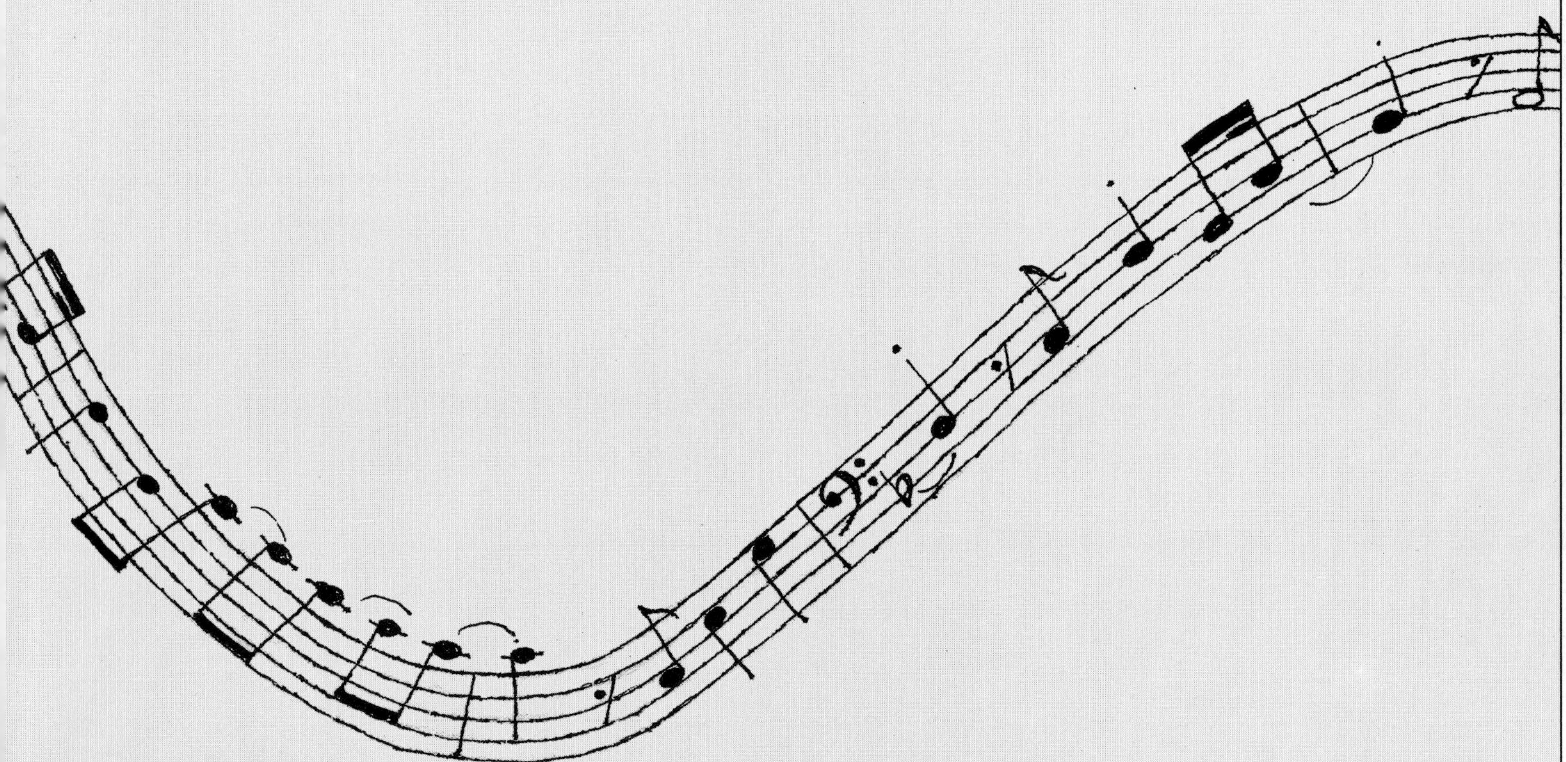

Avertissement aux lecteurs :
le contenu de ce recueil
est parfaitement inaudible.
- L'AUTEUR -

SERRE MUSIQUES

POSTFACE DE JACQUES HIGELIN

Glénat

Mise en page Christian Blondel.

SERRE

CLAUDE DEBUSSY
LA MER
SERRE

SERRE

SERRE

Solfège
MOZART
SA VIE
SON ŒUVRE
SERRE

METHODE
ROSE
SERRE

SERRE

SERRE

SERRE

SERRE

SERRE

SERRE

SERRE

SERRE

SERRE

GLING
GLING
KLONG
KLONG
KLONG

GLING
GLING
SERRE

PISTON CIRCUS
SERRE

SERRE

SERRE

SERRE

DO
RE
MI
FA
SOL
LA
SI

SERRE

SERRE

SERRE

SERRE

SERKE

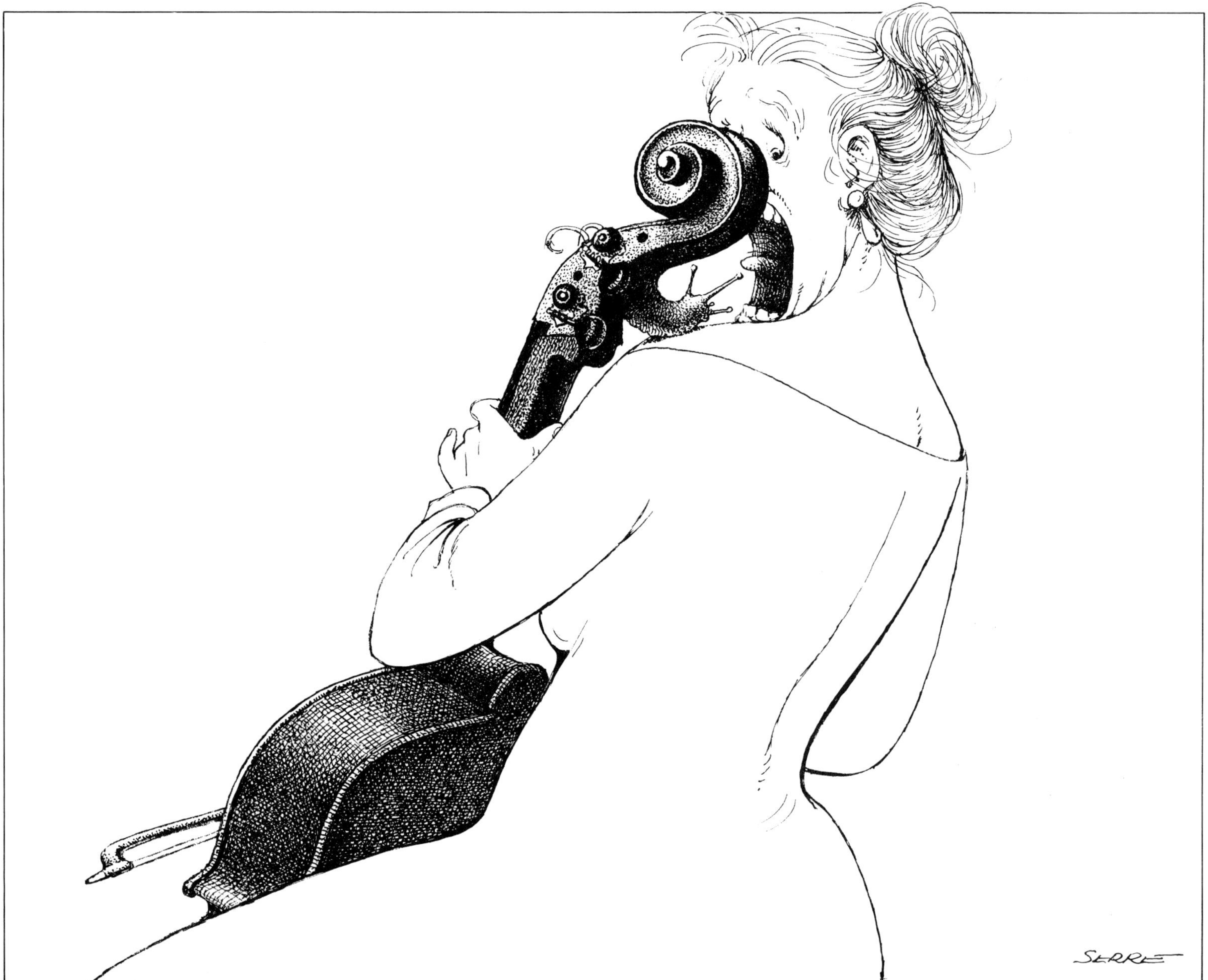
SERRE

SERRE

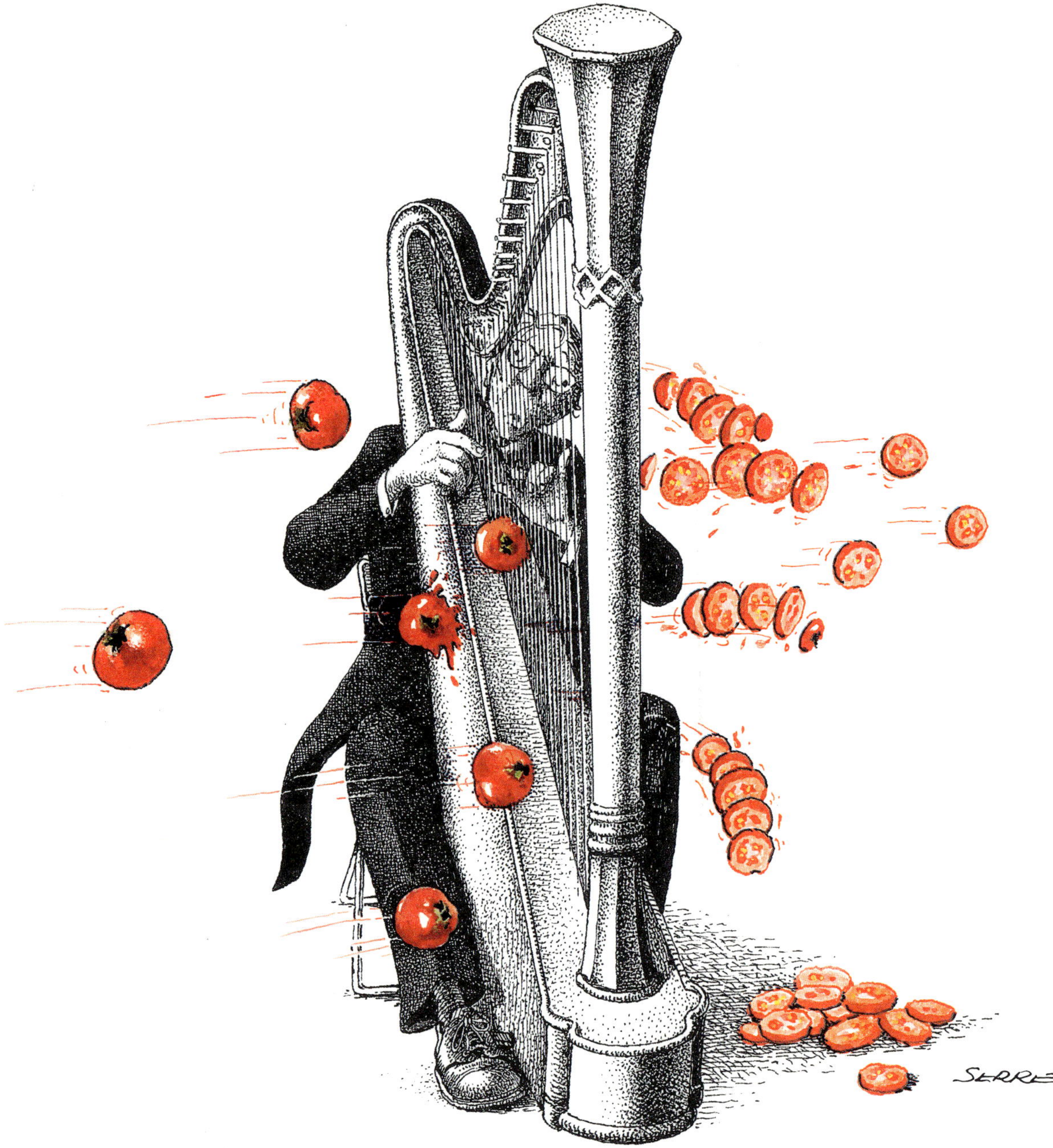
SERRE

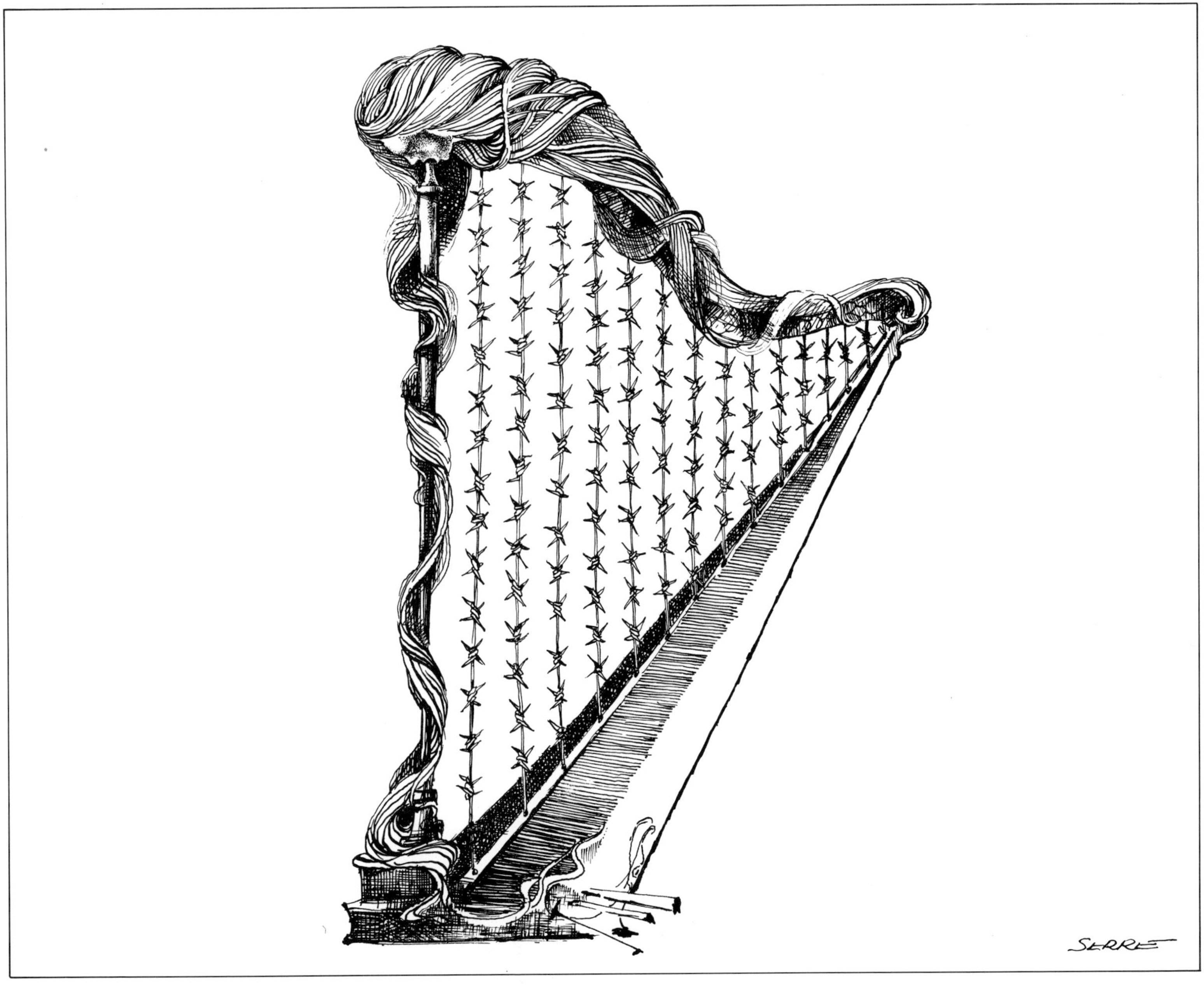
SERRE

3 148950 371041
SERRE

Clear
OPTIC
SERRE

SERRE

SERRE

SERRE

SERRE

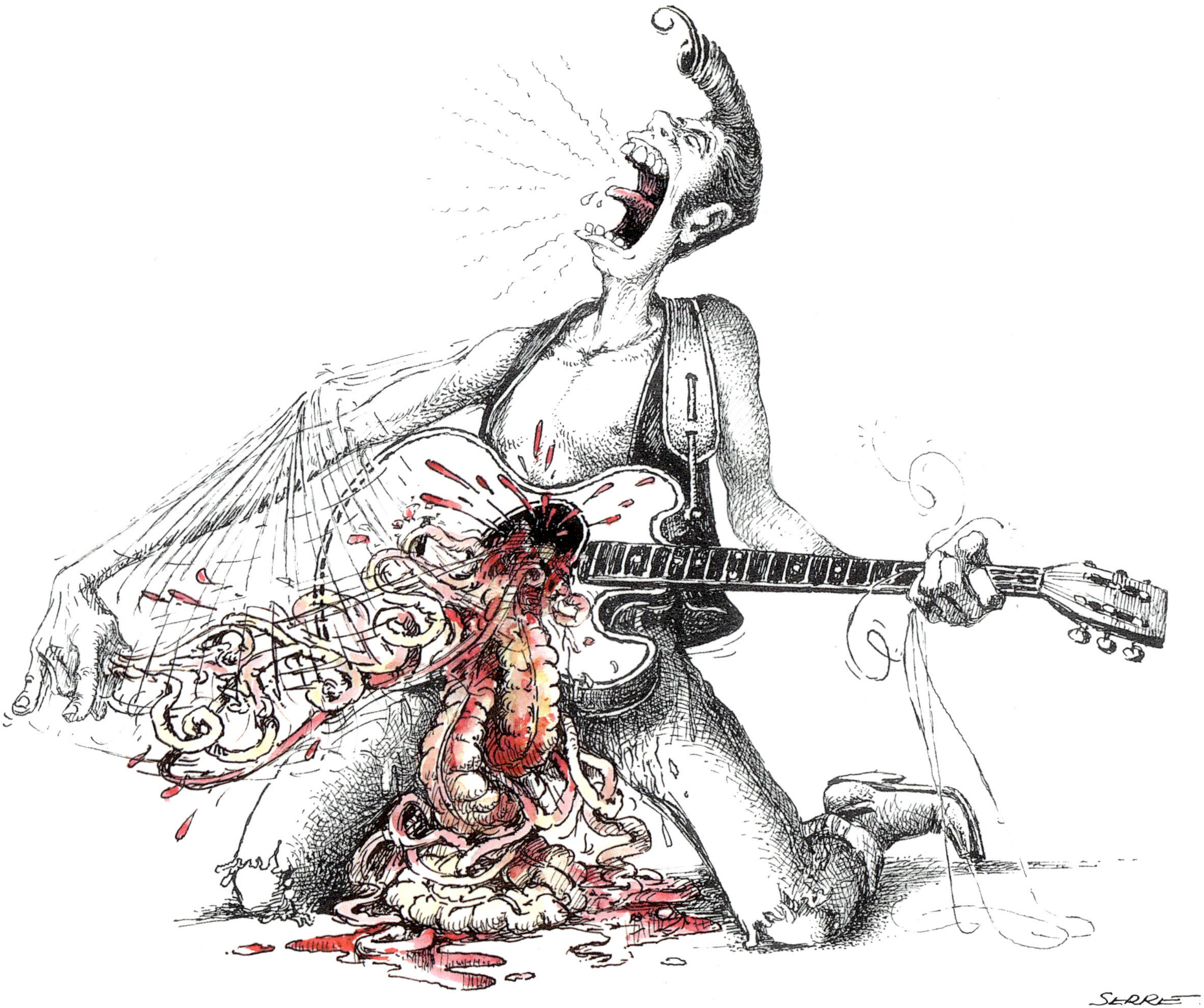
SERRE

SERRE

SERRE

SERRE

H
SILENCE
SERRE

SERRE

SERRE

SERRE

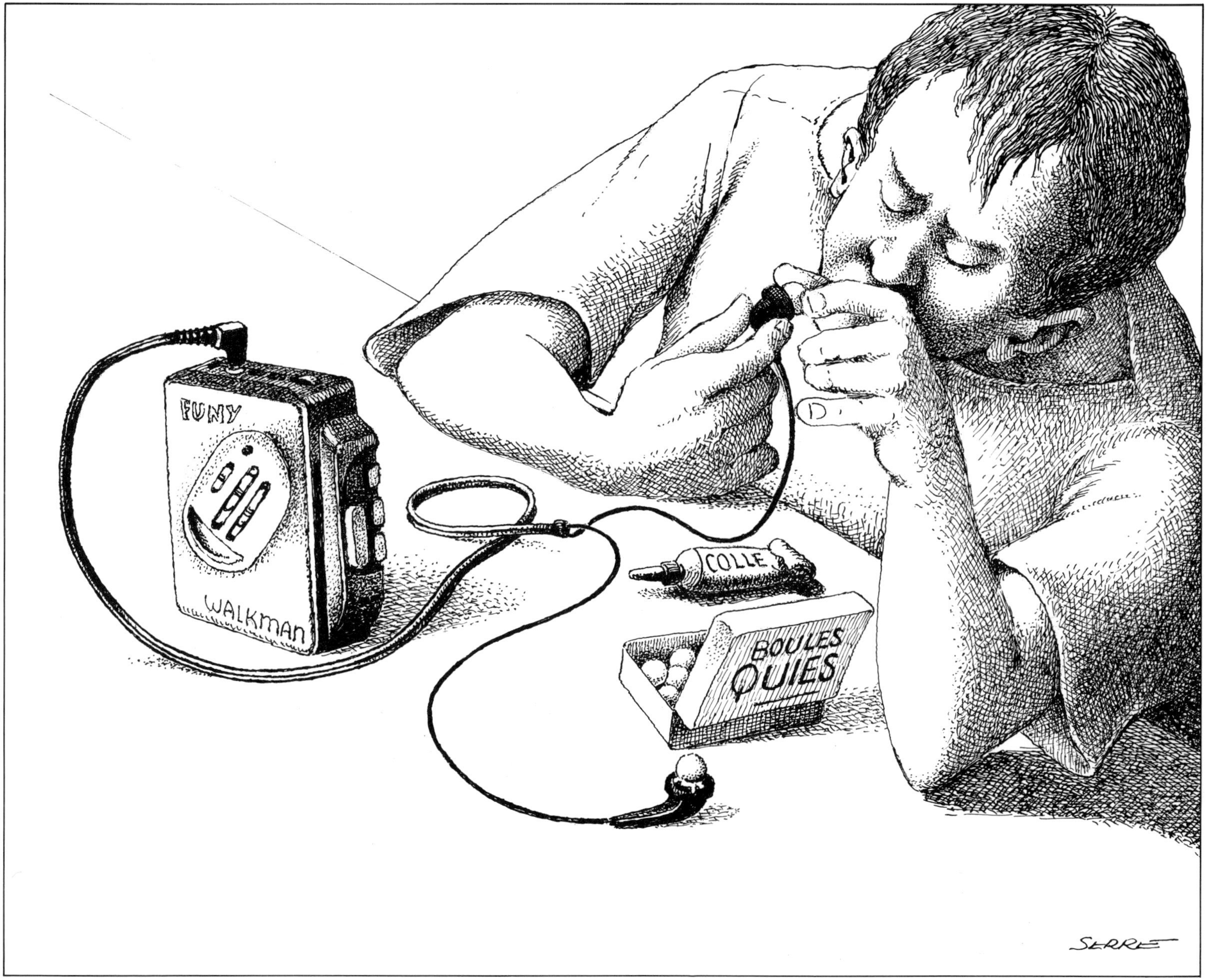

FUNY
WALKMAN
COLLE
BOULES
QUIES
SERRE

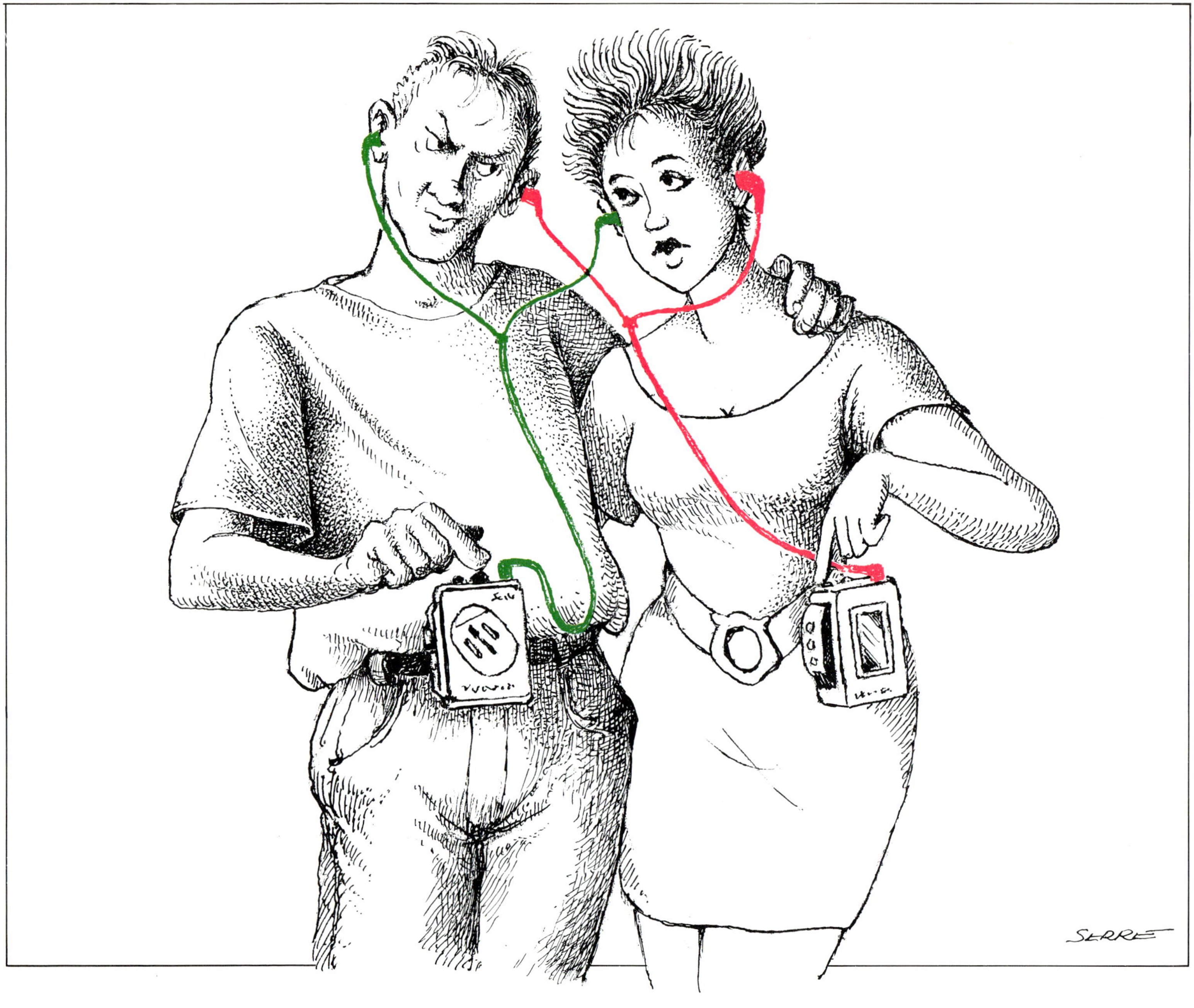
SERRE

SERRE

SERRE

SERRE

SERRE

SERRE

SERRE

celui qui
trouve
par la voie de
la musique
le chemin du
rire
est notre plus
sûr
compagnon de
savoir
vivre
Merci l'artiste
☆
ton ami (Hi)gelin

Du même auteur chez le même éditeur:

HUMOUR NOIR ET HOMMES EN BLANC
LE SPORT
L'AUTOMOBILE
SAVOIR-VIVRE
LA BOUFFE
LE BRICOLAGE
LES VACANCES
VICE COMPRIS
PETITS ANGES
ZOO AU LOGIS
RECHUTE
LA FORME OLYMPIQUE

Réalisation Partenaires
Dépôt légal avril 1993